信息技术拓展阅读丛书

丛书主编　李锋　王吉庆
本册主编　陈久华

课本上学不到de信息技术

小学Ⅰ

童荣俭　张瑜　叶苗瑛　汪霞华　编著

上海科技教育出版社

序言

信息技术现在已经进入到我们生活与学习的方方面面。通过手机、平板电脑等移动终端，我们可以随时开展远程学习；利用互联网，我们能够与朋友进行实时交流。大家已经真真切切地生活在数字化环境中。

信息技术为我们创造了更为便利的生活与学习条件，但也改变着我们的生活与学习方式。为了更好地生活在这样的数字化环境中，大家就需要了解信息技术的基本功能与方法，利用信息技术解决生活与学习中的问题，遵守社会公认的信息伦理道德，成为信息化社会的一名合格公民。

课本是同学们学习知识的一个主要工具。在课堂上，通过课本学习是提高大家知识与技能水平的一个重要手段。但是，如果完全将学习局限于课本内容之中，也容易降低大家学习的积极性。开发“信息技术拓展阅读丛书”就是要拓宽大家认识信息技术的视野，丰富学习信息技术的方式，提高利用信息技术解决问题的能力。

这套“信息技术拓展阅读丛书”在结构上采用“情境体验、问题思考、技能学习、活动探究”的方式，将学习与探究进行了整合；在内容上，介绍了信息技术发展历程中的关键事件，补充了课本内容。丛书中设计了信息技术的拓展活动，帮助大家在“用”的过程中体验信息技术的魅力；融入了最新的信息技术工具，让大家感受信息技术对人们生活与学习的影响；选用了信息技术研究中科学家的励志故事，激发大家热爱信息技术的感情。

“学”信息技术是一个严谨的过程，它可以让你思考技术的特征，在沉思中同样能领会到信息技术的魅力；“用”信息技术是一件高兴的事，它可以放飞你的想象，在用的过程中时不时得到一个意外惊喜。“信息技术拓展阅读丛书”就是希望把“学技术”和“用技术”结合起来，把“动手操作”和“动脑思考”结合起来，把信息技术的“过去、现在和未来”贯穿起来，成为大家体验和思考信息技术的支点，让大家在数字化环境中生活得更精彩。

——李锋

目录

“埃尼亚克”的故事

大哥们，看我多时髦！
你那么瘦，功能肯定没我多！
哼，你们都那么胖！
哎，臭小子，没有我们，哪来的你？
你也不是最老的电脑呀！
我们的老祖宗，在博物馆呢！
本是同根生，相煎何太急呀！
对呀！不过，老大哥说博物馆的老祖宗是谁呀？
“老祖宗”，就是世界上第一台计算机啊！

“超级大块头”埃尼亚克

世界上第一台电子计算机是1939年问世的“ABC计算机”，而不是人们曾经普遍认为的，1946年问世的“ENIAC”（也可以称作“埃尼亚克”）。这一点，已成为计算机界的共识。但埃尼亚克是世界上第一台有实用价值的多用途电子计算机，而“ABC计算机”只是一台样机，这也是事实。埃尼亚克的出现代表着信息时代的到来。1996年2月14日，在埃尼亚克问世50周年之际，美国副总统戈尔再次启动博物馆里的埃尼亚克，以纪念信息时代的到来。

埃尼亚克是由美国阿伯丁兵器试验场和宾夕法尼亚大学共同研制的。据记载，它长30.5米，最宽处为6米，高2.4米，占地面积有170多平方米，相当于三间普通教室大小。它拥有30个操作台，重量约为30吨，差不多是六七头成年大象的体重总和，称得上是个“超级大块头”！

“机灵”的庞然大物

第二次世界大战爆发后，各国的主要武器就是飞机和大炮，美国陆军专门设立了一个“弹道研究实验室”，用来研制新型大炮。要想打得准，必须精确计算出射击图表。但是，射击图表中的每一个数据都要做几千次的四则运算才能得出来，十几个人用手摇机械计算器算几个月，才能完成一份图表。他们请来了200多名计算快手一起工作，可还是跟不上研究速度……在那个“时间就是胜利”的战争年代，设计埃尼亚克的想法诞生了。

美国在第二次世界大战时期研发的牵引式高射炮

这个“超级大块头”的计算速度将相当于手工计算速度的20万倍，用它来计算炮弹弹道，仅需要3秒钟，而同样的任务，200多名计算快手得花上两个月的时间才能完成。

你知道吗

莫尔小组

美国阿伯丁兵器试验场为算出弹道轨迹，需要上百人进行计算，又慢又容易出错。美国物理学家莫奇利为此提供了一个非凡的方案——设计制造一个高速电子管计算装置，即埃尼亚克。30多名物理学家、数学家和工程师组成了“莫尔小组”，承担埃尼亚克的研发。其中，莫奇利是计算机的总设计师，主持机器的总体设计；埃克特是总工程师，负责解决复杂而困难的工程技术问题；伯克斯则作为逻辑学家，为计算机设计乘法器等大型逻辑元件。或许这些科学家当时并未明确意识到：他们正带领着人类迈进计算机时代的大门。

埃尼亚克的内部世界

埃尼亚克拥有庞大的身躯，身体里面的东西可多了。它包含了18 000个电子管基础元件、70 000个电阻器、10 000个电容器、1500个继电器和6000多个开关。它使用汞延迟线存储器，并将穿孔卡片作为输入和输出设备。

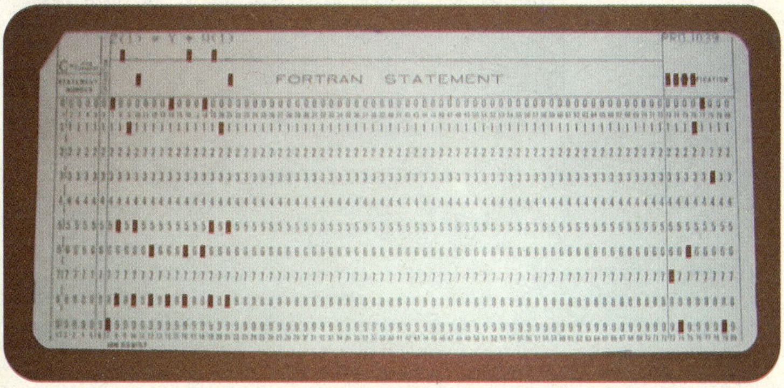

穿孔卡片

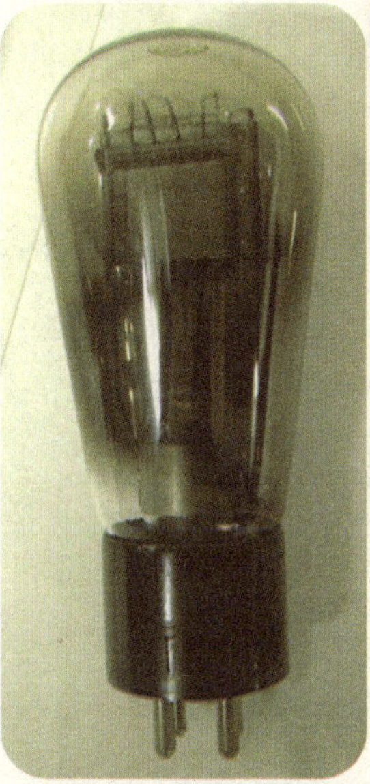
电子管

电子计算机新时代

埃尼亚克的运作并不是那么尽善尽美，它没有内存储器，每次运算都要将大量运算部件搭建成解题布局，既费时又麻烦。有的题只要计算1秒钟，准备工作却要花上几个小时。当时，美国数学家冯·诺伊曼对埃尼亚克非常感兴趣，他提出了优化方案：采用二进制数简化计算机结构；建立存储程序，将指令和数据放进存储器，以加快运算速度。于是，电子计算机的新时代开始了。

埃尼亚克每秒能进行5000次加法运算（据测算，人最快的运算速度为每秒5次加法运算），或400次乘法运算。它还能进行平方和立方运算，计算一些函数的值及其他一些更复杂的运算。

如今，一个普通计算器的计算速度已经是它的十几倍，一台普通电脑的计算速度更是达到它的2000多倍。

计算速度比赛

你知道吗

一夜成名的计算机

计算机真正进入普通人的视野还要从1952年的美国总统大选说起。

1952年，当时的总统候选人艾森豪威尔和史蒂文森在选举中势均力敌。美国哥伦比亚广播公司租用了一台计算机来对选举资料进行处理，预测大选结果。正当大家都猜测胜利的天平会倾向史蒂文森时，计算机却在选举结束后45分钟里算出“艾森豪威尔将以得438票而赢得胜利”。当选举结果正式公布后，所有人都惊呆了：艾森豪威尔得了442票而当选总统，计算机预测的误差小到不可思议。

这一偶然事件让计算机一夜成名，从此计算机走出了实验室，走进了人们的生活。

艾森豪威尔

史蒂文森

小探究

如今，计算机的发展突飞猛进，已成为现代人生产和生活的必备品。你知道从第一台电子计算机诞生至今，计算机已经发展到第几代了么？目前计算速度最快的计算机是哪一台呢？还有，是什么力量指引了新一代计算机的研发和诞生？

中国最早的电子计算机

1957年，中国开始研制电子计算机。1958年8月1日，中国科学院计算技术研究所成功研制出了中国第一台小型电子管通用计算机103机。为纪念这个特殊的日子，这台计算机又被命名为“八一型”数字电子计算机。103机每秒运算30次，改进后提高到1500次。1964年，中国科学院计算技术研究所吴几康、范新弼带领研制的119型大型数字计算机诞生，这是中国第一台自行研制的电子管大型通用计算机，对中国计算机业来说，这是一个历史性的突破。119机的运算速度为每秒5万次，内存容量4KB。119机交付使用后，完成了大量重大课题的计算工作，其中包括中国第一颗氢弹研制中的计算任务。

“八一型”数字电子计算机

你知道吗

计算机背后的大数学家

华罗庚是中国在世界上最具影响力的数学家之一。埃尼亚克的成功让华罗庚预见到电子计算机将是科技发展的新领域。1950年，华先生任中国科学院数学研究所所长，他打算研制中国自己的电子计算机。1956年，华先生力排众议，将有关人员先集中在计算技术研究所，在基础打好后，再分散回原单位进行相关工作。他还明确了发展我国计算机技术以自力更生为主，同时学习苏联先进技术的基本策略，为我国计算机事业奠定了快速发展的基础。

华罗庚

你知道吗

世界科技最强国

2011年7月，美国麻省理工学院和英国《自然》杂志公布世界各国综合科技实力绿皮书，主要考察的领域集中在高新技术、地球科学、现代制造、高分子物理、医药学和军工技术等十大方面。

绿皮书总结出至2011年，世界上科技综合实力最强的是美国，日本则仍然保持世界第二的位置。排名第三的是两次工业革命的先驱者英国。德国则以先进和突出的制造业位居世界第四。法国位列第五，其空间技术领域的研究在全球独树一帜。其他进入世界科技强国行列的还有意大利、韩国、中国、俄罗斯等。

你知道这些科技强国的第一台计算机分别是什么时候研制出来的吗？这些国家的现代科技（尤其是电子产品）发展水平哪个更高？每个国家的发展速度和计算机问世的时间是否有着不可忽视的联系呢？

计算机的“大脑”：中央处理器

中央处理器：它们都要听我的

普通台式计算机拥有一个庞大的机箱，它的主要作用是放置和固定计算机配件，在起到承托和保护作用的同时屏蔽电磁辐射。机箱及里面装配好的计算机组件俗称“主机”。

中央处理器（简称CPU）是计算机的运算核心和控制核心，它就是计算机的“大脑”。我们常见的中央处理器看上去就是一块芯片。不要小看这块小小的芯片，它里面集成了上百万个精巧的晶体管。

要说到计算机“大脑”的工作方式，我们就要从晶体管的运作方式说起。晶体管是采用二进制（满二进一）的运算方法来工作的。我们把一个晶体管当作一个开关，它分别有ON(开)和OFF(关)两种状态，一开一关就相当于晶体管的连通与断开。晶体管的ON状态用1来表示，而OFF状态则用0来表示，多个晶体管排列，就组成了一个二进制数。

虽然只是简单的0和1两种状态，但是晶体管的原理可不简单，它们的发展也经历了科学家们多年的辛苦研究。

初识二进制

二进制是18世纪德国数学家莱布尼茨发明的。莱布尼茨在他的手稿中写道:“1与0,一切数字的神奇渊源。”

在二进制中,相邻的两个数位之间的进率都是2,即“满二进一”。二进制中只有0和1两个基本符号,0仍然代表0,1也是仍然代表1,但是却没有能对应2的符号,我们只能向前一位进1,写作10,而3要写作11,其他的依次类推。于是,0和1这两个符号就可以代表所有的自然数了。

莱布尼茨

二进制数与十进制数对照表

十进制数	1	2	3	4	5	6	7	8	9	10
二进制数	1	10	11	100	101	110	111	1000	1001	1010

你知道吗

二进制数的运算

加法:0+0=0,0+1=1,1+0=1,1+1=10;

减法:0−0=0,1−0=1,1−1=0;

乘法:0×0=0,1×0=0,0×1=0,1×1=1;

除法:0÷1=0,1÷1=1。

它们与我们平时所学的加减乘除有什么不同呢?

第一个晶体管

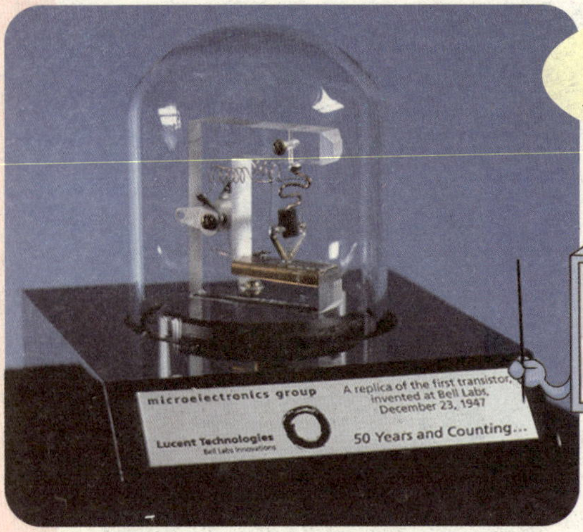

世界上第一个晶体管是1947年在著名的美国贝尔实验室手工制造出来的。当初的晶体管比较大，在经过了科学家不断的努力后，现在的晶体管小到在一个大头针的针头上就可以放得下100多万个。单独一个拿出来，你甚至无法用肉眼观察到，可见它有多么精细。这种晶体管可以在1秒钟之内接通或者断开1000亿次。如果你要试试自己按一个电灯开关这么多次的话，就算以最快的速度，大概也需要2000多年吧。

你知道吗

贝尔实验室

贝尔实验室自1925年成立以来，涌现了许多重大发明，比如晶体管、太阳能电池、发光二极管、通信卫星、长途电视传送、有声电影等。可以说，创新是贝尔实验室的灵魂。到如今，贝尔实验室共获得过25000多项专利，其成员或曾经的成员中，共有13人7次问鼎诺贝尔物理学奖，1人1次问鼎诺贝尔化学奖。

计算机是怎么工作的

计算机和人相似，也是由“大脑”接受指令，进行各种精密运算，再将新指令反馈到计算机的各个组成部分，各个组成部分根据反馈，来完成一个个的动作。

因为计算机电路只有两种状态：开和关，所以二进制才是适合计算机的语言。

而中央处理器就是先处理我们存储在系统内部存储器上大量的0和1，然后通过输入输出，进行和操作者之间的互动。具体来说，计算机的工作可分为四个阶段：提取、解码、执行和写回。

第一阶段的提取很简单，就是从存储器上提取出需要计算的数据。第二阶段的解码中，指令被拆解为有意义的片断。第三阶段就是执行了，此时中央处理器连接到各种运算所需的部件，成千上万个晶体管在这个过程中根据二进制运算规则不断地开关来完成计算。最后一个阶段就是写回，中央处理器以一定格式将执行阶段的结果简单地写回中央处理器内部的暂存器，或者写入容量较大、但是速度较慢的系统内存中。

这个过程简单来说就是计算机在取得指令后，经过“思考”决定该进行何种操作，然后执行指令，报告任务完成，再领取下一条指令，周而复始，直到程序执行完毕为止。

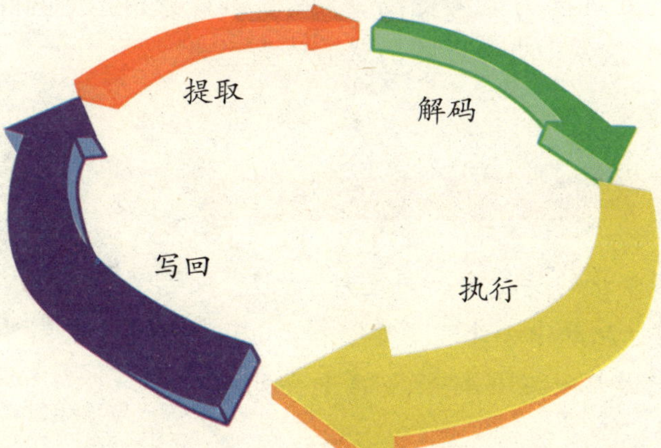

划时代的微型中央处理器

1971年，世界上第一块中央处理器芯片4004在美国英特尔公司诞生了。比起现在的中央处理器，4004显得很可怜，它只有2300个晶体管，功能相当有限，而且速度还很慢。但它的问世为计算机微型化和个人计算机的诞生奠定了基础，具有划时代的意义。

1974年，英特尔公司又推出了第二代中央处理器芯片8080，立即引起了业界的轰动。8080的处理能力大为提高，集成晶体管数目达到6000个，运行速度2MHz。直到今天，这款中央处理器仍然被尊为经典。

小探究

除了大名鼎鼎的英特尔公司之外，你还知道哪些公司也生产中央处理器呢？

你知道中国第一款自行研发的中央处理器叫什么吗？

你知道吗

人机大战

1996年2月，俄罗斯的国际象棋特级大师、世界冠军卡斯帕罗夫与IBM公司的超级计算机“深蓝”进行了六局国际象棋的对抗。“深蓝”计算机每秒能分析1亿步棋。虽然卡斯帕罗夫最终取得胜利，但“深蓝”计算机也胜了他一局。

接下来的一年里，研究人员继续对“深蓝”进行改进，把它变成棋力更高、性能更强的超级计算机。改进后的“深蓝”，运算能力提升到每秒分析2亿步棋。

1997年5月，“深蓝”再次向卡斯帕罗夫发起挑战。比赛在一个小型的电视演播室内进行。卡斯帕罗夫先拔头筹，紧接着“深蓝”扳回一局，接下来的三局双方打成平手，各积2.5分。最后一局比赛格外引人瞩目。“深蓝”执白以王兵开局。卡斯帕罗夫有步棋走错了顺序，白棋乘机在第8步用以“象”换“兵”的方法赢得了先手。当“深蓝”第19步将一枚“兵”走到C4位置时，卡斯帕罗夫见大势已去，无心恋战，承认输掉比赛。

卡斯帕罗夫与“深蓝”的人机大战引起了全球媒体的密切关注。正当世人对人机大战的胜负议论纷纷时，美国IBM公司的一位科学家指出：谁胜谁负并不重要，重要的是充分理解人脑的思维方式，以便将这类成果应用于研制处理能力更强的计算机，使之成为能够帮助人们决策的工具。

虚拟世界你我他

乐乐你快过来看，这个人好可怜。
什么呀？让我来看看。
请帮忙转发，重庆打工者吴××，家中失火，父母双亡，妹妹伤势严重，请速到××人民医院。舅舅：155××××××××——爱心接力。
我们来帮帮他吧！
转发就有更多人看到，或许能帮到他。
？？？
可是万一这个信息是假的，我们可以转发吗？
真的好可怜，快点转发啊，大家一起帮帮他。
但是，万一是坏人骗钱的招数呢？
网络发达虽是好事，但是也有投机分子做坏事。不要轻易转发这种信息，要仔细辨别真假。

无处不在的网络

随着科技的进步和社会的发展，网络与我们的学习、工作和生活越来越密切，它将人与人、人与物用同一个网络联系起来，或在互相能够访问的不同网络里相互关联，使我们的生活更加便利。网络也成为了我们浏览、下载、分享和交流信息的一个重要渠道。因为网络既没有空间限制，也没有时间限制，我们可以在这个虚拟世界自由玩耍。但是，网络并不是一个纯净安全的世界，我们需要在使用网络的同时，遵守网络中的文明礼仪与道德规范。

你知道吗

为了增强青少年自觉抵制网上不良信息的意识，共青团中央、教育部等多个部门在2001年11月向社会发布了《全国青少年网络文明公约》。

《全国青少年网络文明公约》

要善于网上学习　不浏览不良信息
要诚实友好交流　不侮辱欺诈他人
要增强自护意识　不随意约会网友
要维护网络安全　不破坏网络秩序

浏览信息要合适

“秀才不出门，便知天下事。”坐在电脑前，鼠标轻轻一按，我们就能在网上冲浪了。有时候是为了浏览感兴趣的信息，有时候是为了寻求问题的答案，有时候是为了购买心仪的书籍，有时候是为了收集作文的素材，有时候是为了丰富课余的活动……网络融入了我们的生活，我们也乐在其中！不过，作为一名小学生，我们在浏览信息时，要注意以下两点。

合理安排浏览时间。上网的时间要适中，每隔一个小时，去窗口呼吸一下新鲜空气，去外面走走、看看，让大脑和眼睛从“高速”运作中停下来休息一下。

有选择地浏览信息。面对网络上大量丰富的信息资源，我们要根据自己的需要有选择地查阅，坚决拒绝任何形式的反动、色情和庸俗的不良信息。

使用信息要合法

你是否使用过网络上的资源呢？比如，下载一张美丽的图片插入到自己的演示文稿中，或复制一些文字资料到自己的电子小报上……你在使用这些网络资源的时候有没有注明这些资料来源于哪里呢？如果没有，你就还不是一个合格的网络小公民，因为你违反了保护“知识产权”的法律。根据《现代汉语词典》的解释：知识产权是指在科学技术、文化艺术等领域中，发明者、创作者对自己的创造性劳动成果依法享有的专有权。知识产权是受法律保护的，如果你要使用这些成果，那么必须要征得创作者的同意，否则就是一种违法行为。同样地，我们在网络上查找到自己需要的信息并且想要使用时，如果能联系到相关的知识产权所有人，我们就要征求他们的同意；如果联系不到，那就要注明信息的出处和相关的知识产权所有人，做个守法的网络小公民。

你知道吗

网络知识产权

网络知识产权就是由数字网络发展引起的或与其相关的各种知识产权。网络知识产权除了传统知识产权外，又包括数据库、计算机软件、多媒体、网络域名、数字化作品以及电子版权等。我们在网络上经常接触的电子邮件，在电子布告栏和新闻论坛上看到的信件，网上新闻资料库，以及资料传输站上的电脑软件、图片、音乐、动画等，都有知识产权，都应该受到保护。

分享信息要真实

网络中的信息，是由许许多多的人你一条我一条汇聚而成的。我们也可以将信息上传到网络上与别人分享。不过，有些人会利用在网络上发布信息速度快、自由、不受监控等因素，在与他人分享信息的过程中，做出一些不文明的行为。在网民评出的“网络十大不文明行为”中，“传播谣言，散布虚假信息”排在了首位。

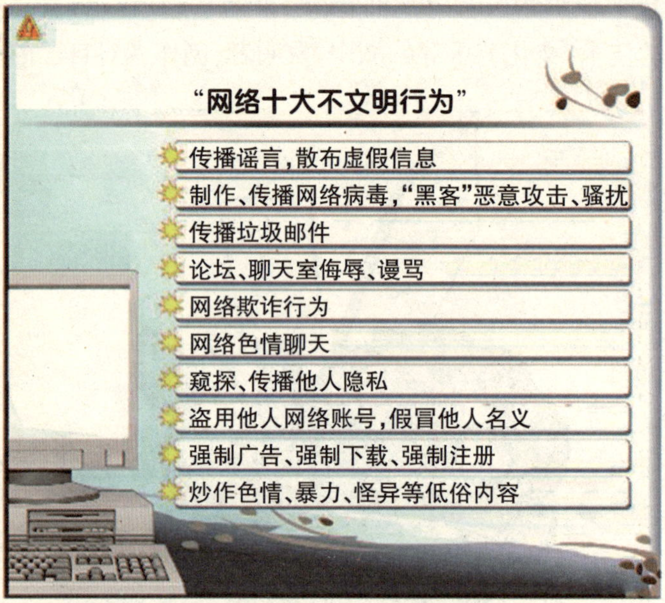

作为一名文明的网络小公民，我们要知道，虚拟的网络社会其实也是由真实的人构成的。每个上网者也应该像现实社会中的人一样，对自己的言行负责。在网上与他人分享信息的时候，要做到不传播不良信息，不制造虚假信息，不随意转发信息。

发送电子邮件要文明

有时我们会利用电子邮箱来分享信息，因此我们还需要遵守关于电子邮件的礼仪。掌握了这些常识性的礼仪，也有助于你成为一个好网民哦！

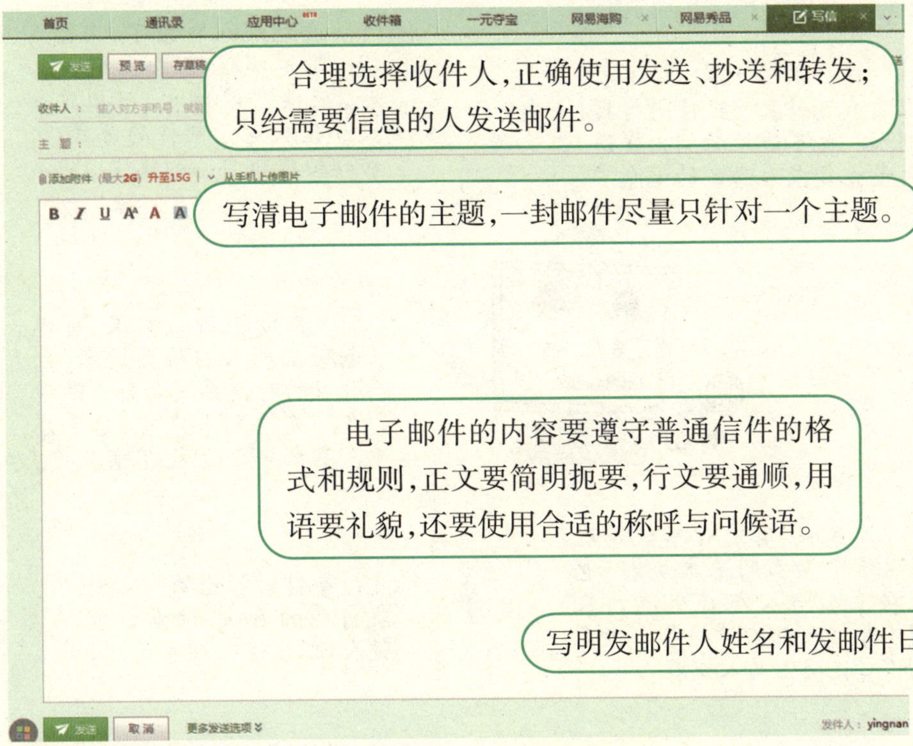

合理选择收件人，正确使用发送、抄送和转发；只给需要信息的人发送邮件。

写清电子邮件的主题，一封邮件尽量只针对一个主题。

电子邮件的内容要遵守普通信件的格式和规则，正文要简明扼要，行文要通顺，用语要礼貌，还要使用合适的称呼与问候语。

写明发邮件人姓名和发邮件日期

经常或定期上网收发电子邮件，及时回复他人的电子邮件。

还有几个小问题也是要注意的：

- 邮件主题栏中不写任何内容是不礼貌的。
- 邮件中要避免出现错别字。
- 邮件中尽量少用“ :)”之类的表情符号。
- 写英文电子邮件时，不要全部都用大写字母。

一封规范、有礼貌的电子邮件，不仅能反映出写信者为人处事的态度和风格，也能让收件人感受到对方的尊重和诚意。

交流信息要合“礼”

网上聊天是人与人通过网络进行的一种交流方式，所以也应该遵守日常生活中的文明礼仪。文明的网上聊天，需要注意些什么呢？

在公共聊天室里，不要以自我为中心，长时间打搅别人。也不能短时间内发送大量重复或无意义的信息。

看到别人写错字、用错词，或是提了不恰当的问题，应该宽以待人，可以通过私信或电子邮件的方式，婉转地提出自己的建议。

在专题聊天室里，可以先观察别人的聊天内容，到适当的时候再发表自己的观点。光看别人发言，自己总是不参与互动，也不太礼貌。

讲真诚、有爱心不仅是现实生活中做人的基本原则，也是网上人与人友好交流的基础。每个人都应该抱着一颗真诚的心在网上与人交往。

要针对讨论的内容发表自己的看法，注意以理服人，不能进行人身攻击。

网上聊天的形式多种多样，不仅可以用文字，还可以使用语音和视频。

使用语音聊天时，我们应该语气平和，注意讲话的语音语调，如果是不同地区的朋友聊天，要注意使用普通话，让别人能听得明白。

如果使用视频聊天，我们还需要注意保持自己端庄、整洁的形象，不要脏乎乎、衣冠不整地出现在视频画面中。

小探究

分析以下案例，想一想他们都错在哪儿。

案例一：

2006年，广西南宁市一个15岁的少年整天沉迷于网络游戏，平时少言寡语，精神呆滞，长时间逃学。其母见儿子如此，多次劝阻无效，同其父商量好后，将儿子锁在家中。7月14日，这个少年因网瘾大发，同其母争吵几句后，将其母杀死，造成血案。据调查，青少年犯罪与网络暴力内容有着比较大的关系。

案例二：

2011年3月15日，贾平凹、韩寒等50位作家公开发布《中国作家声讨百度书》，指责百度文库“偷走了我们的作品，偷走了我们的权利，偷走了我们的财物”。在舆论压力下，百度承诺3天内彻底删除百度文库内未获授权的作品，对伤害作家感情表示歉意，并随即推出版权合作平台。

案例三：

2014年“七夕”当天，一款名为“××神器”的安卓系统手机病毒在全国范围蔓延，超过百万用户被感染，一度引起恐慌。3天后，深圳市公安局召开新闻发布会称，病毒制造者是中南大学的19岁大一学生李某。虽未涉及受害者财产损失，但李某因涉嫌非法获取公民个人信息被罗湖警方刑事拘留。

案例四：

据广州市公安局官方微博消息，2015年7月前后，广州警方在网上巡查工作中发现，有网民在微博发布了“大亚湾核电站爆炸，香港可见蘑菇云”的信息。经查，该信息为不实信息。该信息发布者陈某被警方处以行政拘留5天的处罚。

生活中的机器人

这里的服务员都是机器人。
它们什么都能做么?我来考考它们!
我要一份意大利面,软一点,双份黑胡椒汁,不要芝士粉。
你平时没那么多要求啊!
机器人很厉害吧?
太厉害了,我还以为会难倒它们呢!
7
我以后不会刁难机器人了,这份面一点都不好吃,呜呜呜——
你自讨苦吃啊!
7

哇塞,好厉害的机器人啊!还会做服务员!
机器人也会像人类一样做各种各样的事情吗?
对啊,有很多不同的机器人在不同的岗位上帮助人们完成各种工作呢!

机器人是怎么工作的

机器人是指一种能够自动执行工作任务的机器装置。每个典型的机器人都有一套可移动的身体结构，还有一部类似于马达的装置、一套传感系统、一个电源，以及控制这些要素的机器人“大脑”。机器人的“大脑”接收到工程师编写好的程序指令后，按照指令自动完成一系列的工作。

机器人的身体是根据工作要求来进行设计的，有各种不同的样式，不一定是我们人的形状。

机器人吸尘器，又名扫地机，可以通过预设定时清洁，有效保持家中的清洁。因为机器人吸尘器要进入橱柜底下等窄小的空间，所以工程师们把它设计成扁扁的圆形。

小朋友们喜欢的宠物里一定会有狗吧？这个小小的机器狗可是一个高科技产品哦。它有狗的外形，个头也和小狗差不多，能模仿真实宠物陪伴人们玩耍。

再看看这个智能机器人，工程师根据需要，模仿人类为这台机器人设计了手和脚，让它可以代替人完成一些家政服务工作。它可以完成买菜烧饭、搬运家具等工作，甚至还能照看小孩呢。

第一台工业机器人

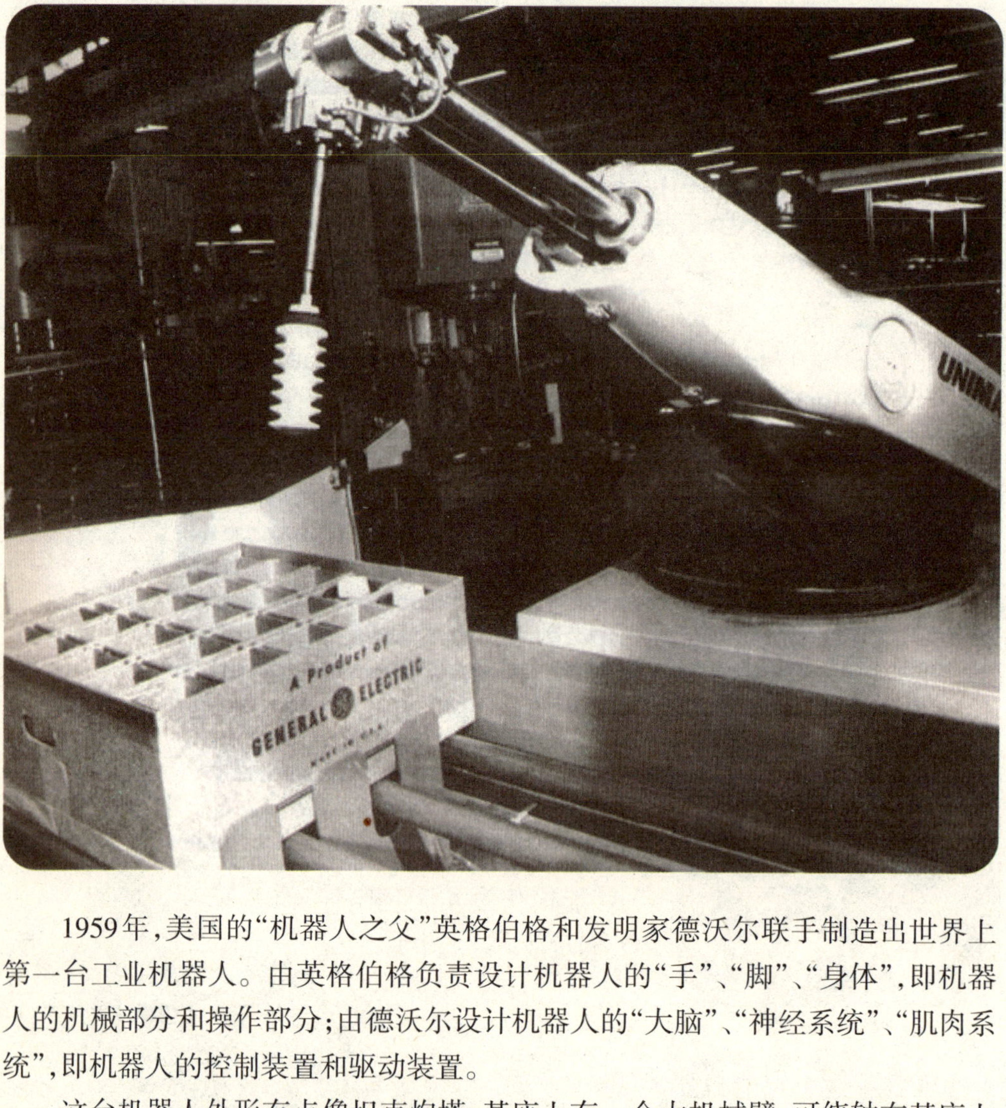

1959年，美国的“机器人之父”英格伯格和发明家德沃尔联手制造出世界上第一台工业机器人。由英格伯格负责设计机器人的“手”、“脚”、“身体”，即机器人的机械部分和操作部分；由德沃尔设计机器人的“大脑”、“神经系统”、“肌肉系统”，即机器人的控制装置和驱动装置。

这台机器人外形有点像坦克炮塔，基座上有一个大机械臂，可绕轴在基座上转动，大机械臂上又伸出一个小机械臂，它相对大机械臂可以伸出或缩回。小机械臂顶端有一个机械腕，可绕小机械臂转动，进行俯仰和侧摇。机械腕前头是机械手，即操作器。这台机器人的功能和人手臂功能相似。它是世界上第一台真正实用的工业机器人。

新一代机器人阿西莫

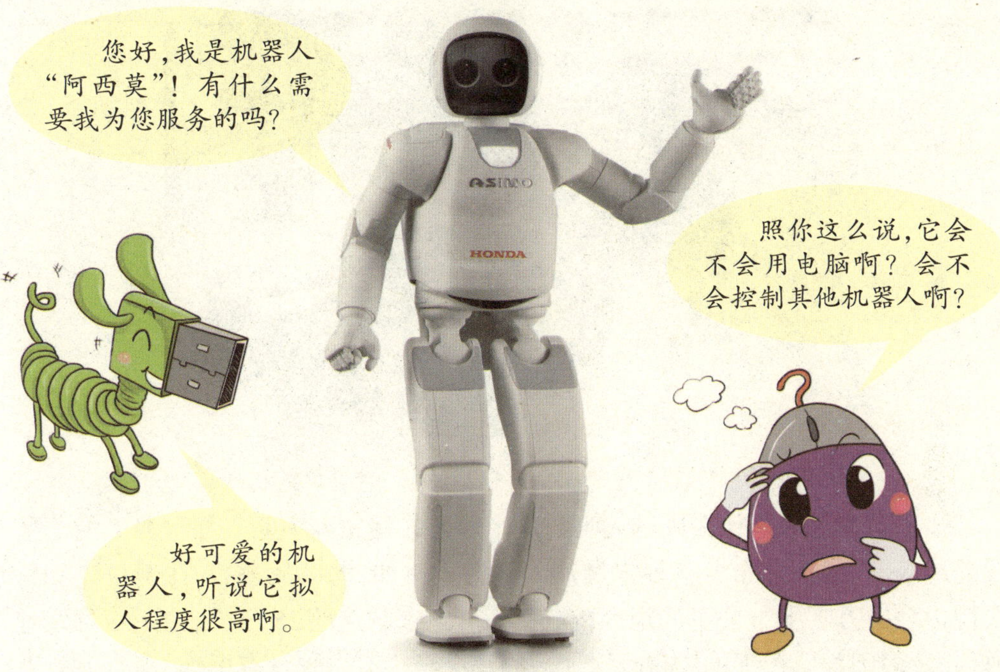

2015年2月9日，日本本田公司在阿联酋迪拜展示了新一代机器人阿西莫。这款机器人的诞生，代表了人类研制仿生机器人的新高度，是机器人发展历史上的一大进步。

本田公司从1986年开始研发仿生机器人。这款最新版本的阿西莫身高1.3米，体重48千克。它模仿人类的动作更加精准，不仅能够行走、跳舞、上下楼梯，还能完成端茶倒水、踢足球等更为灵巧的动作。

你知道吗

智能化可以说是机器人未来的发展方向，它们与人类的语言交流会越来越完美，甚至可以做到自主思考。同时，它们的外形也会越来越像人类，做出的动作不再那么僵硬缓慢，而且会根据人们的需要而具有更多更强大的功能。

排爆机器人

知道图片上的是什么机器人吗？这个可是排爆机器人哦！在世界上的一些战乱地区，到处都散布着各种未爆炸的弹药。例如，海湾战争后，在伊拉克和科威特边境一万多平方公里的地区内，有16个国家制造的25万颗地雷、85万发炮弹，以及多国部队投下的2500万颗炸弹，其中至少有20%没有爆炸，简直就是一个个随时可能爆炸的弹药库。而且直到现在，许多国家甚至还残留有两次世界大战中未爆炸的炸弹和地雷。这些爆炸物对人们形成了巨大的威胁，有很多人因为误踩地雷而造成终身残疾甚至失去生命。现在，排爆机器人可以帮助我们找到还没有爆炸的地雷等爆炸物，并进行销毁。

你知道吗

现在的机器人越来越智能化，以后甚至可以进行自主思考。科幻电影《终结者》中，因为机器人拥有了自主思考的能力，想替代人类成为世界的统治者，于是爆发了机器人与人类的战争。机器人越来越聪明，会不会像电影中一样脱离人类的控制呢？

著名的科幻小说家阿西莫夫曾经在小说中订立了“机器人三定律”：不得伤害人类，必须服从人类命令，必须保护自己。如今很多人工智能和机器人领域的技术专家也都认同这个机器人安全准则。

古代的“机器人”

机器人一词的出现和世界上第一台工业机器人的问世都是近几十年的事。然而人们对机器人的幻想与追求却已有3000多年的历史。人类很早就希望制造一种像人一样的机器，以代替人类完成各种工作。

中华民族是一个充满智慧的民族，在很久以前就研制出了当时的“机器人”。

据《墨经》记载，在春秋后期，我国著名的机械发明家鲁班，曾制造过一只木鸟，能在空中飞行，“三日不下”。

三国时期，蜀国丞相诸葛亮成功地创造出了“木牛流马”，并用它运送军粮，支援前方战争。据记载，诸葛亮在北伐中原时使用此物，其载重量为“一岁粮”，大约有400斤以上，每日行程为“特行者数十里，群行三十里”，为蜀国十万大军提供粮食。可惜如今其制作工艺已经失传了。

小调查

在我们的日常生活中，有很多地方都已经使用到了机器人。请你观察一下，身边有哪些地方已经在使用机器人为我们提供帮助了？

地点	功能	外形

鼠标、键盘和它们的伙伴

买机送“鼠”
咦！买机送“鼠”？买公鸡送老鼠？
哈哈，买公鸡送老鼠？谁要老鼠啊？
你看——是买打印机，送鼠标！
原来如此，“买机送鼠”！
?!
圆圆的身体，还带着条尾巴在桌子上转来转去，这不就是老鼠嘛。哈哈——
我咋就成了老鼠啦！
鼠标能在电脑屏幕上标出东西，做成这种模样，是为了让人的手握起来便捷轻松。

住在小木屋里的鼠标

世界上最早的鼠标诞生于1964年，它是由美国人恩格尔巴特发明的。当时的鼠标，是一个木质的小盒子，只有一个按钮，里面有两个互相垂直的滚轮。它的工作原理是由滚轮带动轴旋转，产生移动信号，经计算机处理后，屏幕上指示位置的光标就可以移动了。

在鼠标出现之前，人与计算机的互动，是依靠插入穿孔卡片，或是依靠键盘输入代码，这就要求计算机的操作者必须是一名专家。鼠标发明后，人们发现它使用起来特别容易，一个初学者也能操作。另外，鼠标是一种视觉化的设备，能创造“所见即所得”的效果，这让使用者感到非常舒服。而且，你完全不用将视线移开屏幕就能使用它，操作简便。

鼠标的发明被列为“计算机诞生50年来最重大的事件之一”。这种简单、自由的操作方式，大大地改善了人机交互。

你知道吗

这个像老鼠一样拖着一条长长尾巴的装置，被恩格尔巴特的同事们戏称为Mouse(老鼠)。这个称呼简洁形象又生动，于是流传了下来，译成中文时就成了“鼠标”。

越来越好用的鼠标

随着时代的发展，鼠标也在不断地改进，变得越来越方便好用。看看下面这些鼠标，你都见过吗？

竞技鼠标，其光学引擎的扫描速度要达到每秒5000次以上，它能识别极其细微的移动。

无线鼠标

手机鼠标

它们有什么特别之处？能给我们带来什么样的便利呢？

______________________　　______________________

______________________　　______________________

输入设备好搭档——键盘

键盘你一定也很熟悉吧，它的历史可比鼠标更悠久呢！要了解计算机键盘，还得从它的前身打字机说起。

早在1714年，在英、美、法、意等国就相继有人发明了各种各样的打字机，最早的键盘就出现在那些打字机上。1868年，“打字机之父”——美国人肖尔斯获得了打字机模型专利，此后的键盘就统一成了我们现在看到的“QWERTY”的样式。这样的键盘，也一直被沿用到了后来出现的计算机上。

越来越便携的键盘

全息投影键盘

随着科学技术的发展，键盘也在悄悄地发生着变化。如何让键盘能更加便携，始终是科学家们研究的方向。看看下面这些键盘，它们是不是更方便携带了？

折叠式键盘

新型的输入方法

在鼠标和键盘变得越来越好用的同时，科学家们还在研究更便捷的输入方式，让人机交互变得更简单，操作起计算机来更方便。

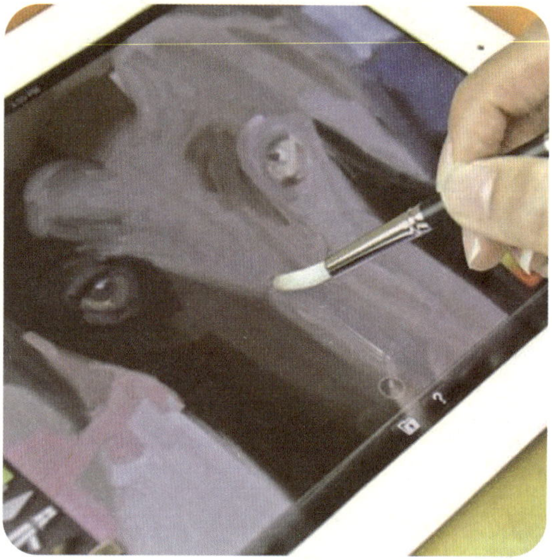

鼠标画图不方便？就用笔来画吧！

用上激光翻页笔，老师讲课时就可以离开讲台，走近同学们了。

你是不是已经感受到计算机的输入和控制越来越便捷了？那么请你再大胆地想象一下：我们能用声音，用手势，甚至是用眼睛来控制计算机吗？答案是肯定的。

摆脱束缚，轻松上课！

这个小朋友正在玩的叫做体感游戏，它依靠高科技的视频动作捕捉技术，把人的身体动作即时地反映到计算机游戏系统中，计算机则通过感应人体运动来推动游戏的进行。离开鼠标玩计算机游戏，感觉一定更酷更爽！

这是一个人正捧着平板电脑在玩“切水果”游戏，不过，他没有动一根手指，而是完全用眼神控制。

小探究

有很多人觉得，像平板电脑上的触摸屏，以及新型的语音控制和手势控制技术，都可能成为鼠标的“终结者”。对此，你是怎么想的？你觉得鼠标和键盘会被淘汰吗？

无处不在的触摸屏

爷爷我在拍照，你来打电话吧。
乐乐，给你爸爸打电话，接咱们回家。
熊孩子，给我块黑镜子干嘛？
爷爷，这是手机啊。
数字呢？接听按键呢？
爷爷，这是触摸屏，数字在里面啊，你看，这样……
太高科技了，我都不会打电话了。
爷爷，手机更新换代快，现在大家都用触摸屏。

啊？爷爷好可爱，不会用智能手机。
现在很多电子产品都是触摸屏的，想想看，哪里还有触摸屏？
嗯……手机？平板电脑？还有什么呢？

认识触摸屏

触摸屏也可以称为“触控屏”、“触控面板”，是一种可接收触碰等输入信号的感应式液晶显示装置。它取代了键盘和鼠标，是一种最新的电脑输入设备，也是目前最简单、方便、自然的一种人机交互方式。

在我们的生活中，其实有很多产品都使用了触摸屏技术。手机、平板电脑、电子白板……这些产品都只要用手指轻点，就可以按“指示”工作了。

各式各样的触控技术

同学们，你知道这是什么吗？

这是世界上第一台触摸屏手机——1994年由美国南方贝尔公司和IBM公司联手推出的Simon PDA手机。这台手机需要通过支持触摸屏的黑白手写笔实现所有操作。像这种需要利用外部压力感应才能进行触摸屏控制的，称为“电阻式触摸屏”。90年代末和21世纪初流行的一些触摸屏手机，基本上都采用了这种触控技术。

下面这个设备小朋友们都认识吧，这是一台平板电脑，大家喜欢用它来玩游戏。你一般是怎么操控游戏的？

这一定是用手来操控的吧？那你有没有想过，为什么平板电脑的操作不需要专门的笔，只要动动手就可以了呢？那是因为，平板电脑是利用人体的电流感应进行工作的。这种电子产品的屏幕是“电容式触摸屏”，用手就可以操控它进行工作。善于观察的小朋友还会发现，使用电容式触摸屏还可以进行多点触控。例如，玩赛车游戏时，你一个手指触摸屏幕的某个位置控制方向，另一个手指则触摸屏幕的另一个位置控制车速，两个手指可以同时对屏幕进行控制。

不过，电容式触摸屏也有一些小缺点，比如，用手指来控制屏幕的时候，精准度不够。如果能将电阻式和电容式这两种触控技术有效结合，那就太好啦！

科技研发人员真的不负众望，他们又研究出了一种介于电阻式与电容式触控技术之间的“压电式触摸屏”。它可以同时具有电容式屏幕的多点触控功能和电阻式屏幕的精准度，而且成本更低，表现非常不错。现在有一些新的平板电脑既可以用手去触摸，也可以用专用笔去书写，它们就是采用了压电式触控技术。

当然，触摸屏除了有以上三种类型外，还有红外线式触摸屏、表面声波触摸屏等，有兴趣的小朋友可以自己去研究学习哦！

你知道吗

红外线式触摸屏

红外线式触摸屏是利用水平、垂直方向上密布的红外线矩阵来检测并定位人的触摸手势的电子设备。红外线式触摸屏是在显示器的前面安装一个电路板外框，电路板在屏幕四边排布红外发射管和红外接收管，一一对应形成横竖交叉的红外线矩阵。手指在触摸屏幕时，就会挡住经过该位置的横竖两条红外线，因而可以判断出触摸点在屏幕上的坐标位置。任何非透明物体都可改变触点上的红外线而实现触摸屏操作。

红外线式触摸屏的优点在于，它是用手指、笔或任何可阻挡光线的物体来触摸，清晰度高、灵敏度高，但对环境要求不高，不容易受到外界影响。红外线式触摸屏靠很多红外发射管和接收管来工作，性能和寿命都比较可靠。

如今，红外线式触摸屏不仅仅是一个将触摸位置转换为坐标信息的简单设备，而是已经作为一个完整的人机界面系统，进入到了人们的生活当中。

有趣的触摸屏餐桌

伦敦一家名为Inamo的餐厅使用触摸屏电脑作为餐桌。Inamo餐厅将色彩缤纷的菜单和其他装饰图案，以投影的方式与触摸屏餐桌相结合，顾客可以直接在餐桌上预览每道菜盛盘后的模样，不需服务生介绍。也可以查询参考一下别桌的客人点了些什么，或者直接进行点餐。同时，触摸屏餐桌让食客们在享受美食的同时，可以随意改变桌面的花纹图案，或者浏览本地信息，时不时来一场电子游戏，甚至还可以提前预约用餐后的出租车。这家餐厅用最新的触摸屏技术武装自己，给人带来耳目一新的感受，确实为一个吸引好奇食客的好主意。

形影相随的触控技术

在联想公司2015年“科技创新大会”上，研发部门推出了一款名为“智能投影”的智能手机。它有两种操作方式：一是让用户在手机上直接操作应用程序（简称APP）；二是通过手机内置激光投影仪以及红外动作检测器，让用户在桌子、墙上或者周边其他物体表面上触摸来使用这个APP，这是目前很新颖的一种触控技术。

正如联想公司说的那样，这个手机既可以让用户用内置的投影仪在墙上放电影，也可以在桌子上投影出触摸屏或是虚拟键盘进行操作。用户可以同时使用桌面、墙上的APP和手机界面的APP。联想公司还请来了钢琴家郎朗，让他在舞台上弹奏投影仪投射在桌面上的虚拟钢琴。

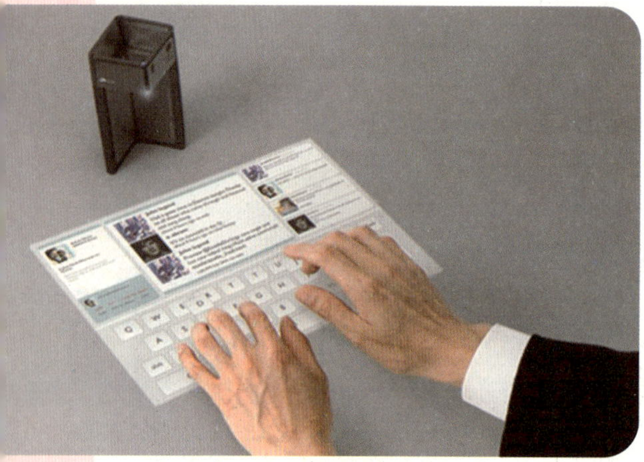

这是一种很有趣的概念机，手机里的动作检测器与投影仪相得益彰，用户可以在桌上、墙上的投影中实际使用手机上的APP。同学们，你是不是对这种触控技术更感兴趣呢？

你知道吗

触摸屏也会不开心

如果在操作触摸屏时，改变了触摸屏的显示器分辨率或显示模式，使得光标与触摸点不能对应，就必须重新对触摸屏系统进行校准操作。

为了保证触摸屏系统的正常工作，除了系统软件需要正确安装之外，还要避免在一台主机上安装两种或两种以上的触摸屏驱动程序，否则容易导致系统运行时发生冲突。

使用时，不要让触摸屏表面接触水滴，也不要让其他东西粘在上面，否则触摸屏容易误认为有手触摸，造成错误操作。

想要清除触摸屏表面上的污物，可以用柔软的干布小心地从屏幕中心向外擦拭，也可以在干布上抹少许酒精或玻璃清洗液来清洁屏幕表面。

小探究

我们身边的很多场合都能见到触摸屏。请你找一找，你在哪些地点发现了触摸屏？这些触摸屏都是用来做什么的？

小调查

序号	地点	用途
1	银行大厅	自助拿排队号码

我的信息化生活

这是照片胶卷，以前的照片都是用它冲洗出来的。
咦！这是什么呀？
是啊，对着亮光，能看到一张张照片的影子呢。
这个小东西，能冲印照片？
为什么爸爸的相机没有胶卷呢？
这是数码相机，不再需要胶卷了。
那这些胶卷是古董啦，哈哈！

老大，我们在讲计算机呢，怎么说起相机的事来了？
对啊，相机只能照相，与我们无关呀？
数码相机和电子计算机的原理一样，都是把指令转化成数字存储起来。这是一个信息化的时代。

普通相机与数码相机

你看到过胶卷底片吗？你知道它是怎么记录下图像的吗？

原来，在胶卷表面涂有一些遇到光会起变化的化学物质，在相机快门开启的瞬间，外界光线会让这些化学物质发生变化，从而将景和物记录下来。

这种模仿真实情景的方式，我们称为“模拟”。

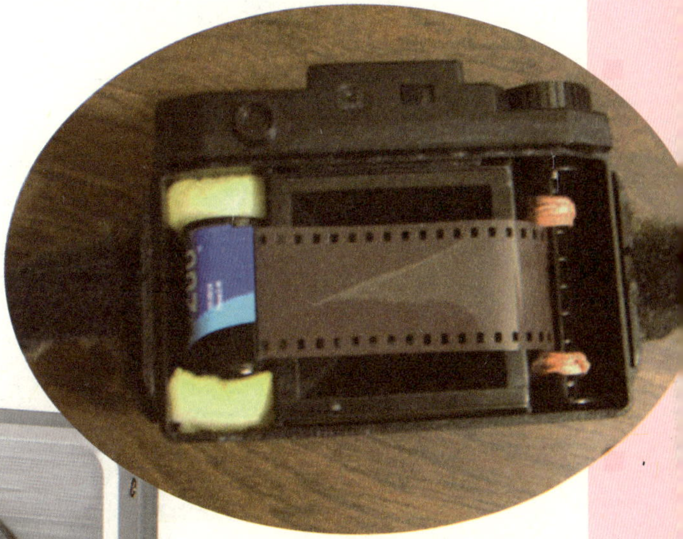

随着科学技术的进步，又出现了另一种相机。它不再使用胶卷记录图像，而是将相机感知到的色彩，转换成一系列计算机能辨识的数字，再将它记录下来。这种将信息转换成数字的方式称为“数字化”，这种相机就叫“数码相机”。

和普通相机相比，数码相机有什么优势呢？

	普通相机	数码相机
照片存储		
照片传输		
照片加工		

你知道吗

Apple Watch的问世

当各种各样的信息，被转化为数字形式存储在计算机中时，我们的生活也变得越来越便捷。

由美国的苹果公司推出的Apple Watch将各种强大的功能集中到了一块小小的手表上。除了计时功能外，这块手表还具有收发语音或文字信息、地图导航、身体各项指标检测等功能。

图像数字化

要将图像数字化，首先要把图片打格子分成许多小块，每块的颜色用一个二进制数来表示。

如果图像是黑白两色的，那么只要用1或0表示就可以了；如果图像是16色的，那就需要用4位二进制数表示；如果图像是“真彩色”的(由不同比例的红绿蓝三种色彩组合而成)，那就需要用24位二进制数来表示。

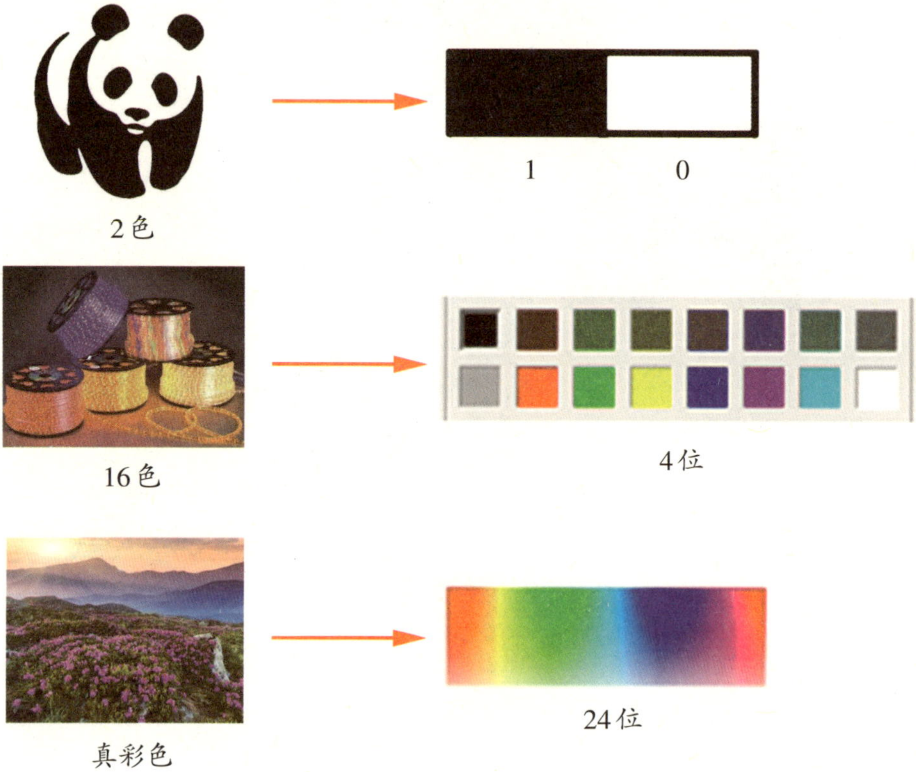

你有没有发现，数字图像越逼真越艳丽，需要记录颜色的二进制数就越大越长？

我们再来看看小方块。你有没有发现，方块越小，一副图的总数据量就越大？上页例子中，猫图片被分成了若干个微小的方块。这些小方块显然太大了，不能表现图片的细节。因此，计算机屏幕上的格子要密得多，例如1024×768，这就叫显示分辨率。

动画视频的数字化

动画视频制作的原理，就是让许多有细微变化的图片，在你眼前连续不断地出现。

在将动画视频进行数字化的时候，也是采用同样的方法，连续快速地将已经数字化的静态图片呈现出来。一般每秒钟就需要出现几十张画面，其中每一张画面称为一帧。把画面连续起来呈现，就成了动画视频。

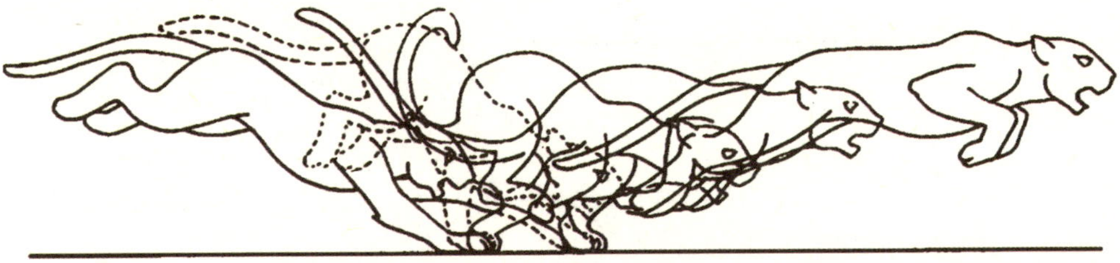

小探究

动手做动画

你想自己动手做一个动画吗？那么，现在开始！准备一本厚书，将你的名字根据笔画细致地分解开来，依次写在在书页角上。第一页写第一笔，第二页写第一笔和第二笔，以此类推。记住，一定要在每一页的相同位置写。然后，你可以迅速翻阅书脚，这时你会发现，就像有一支无形的笔在一笔一画地写出你的名字。是不是很奇妙！

如果感兴趣，你还可以在书角上画一些简单的动作步骤图，你会发现它们动起来了。

声音数字化

根据科学仪器的观察，我们听到的声音可以模拟为一种波形图。

数码设备每隔一小段时间，就对声音信号进行一次测量，然后将测得的数据转换成计算机能够识别的数字，再将这些数字记录下来。

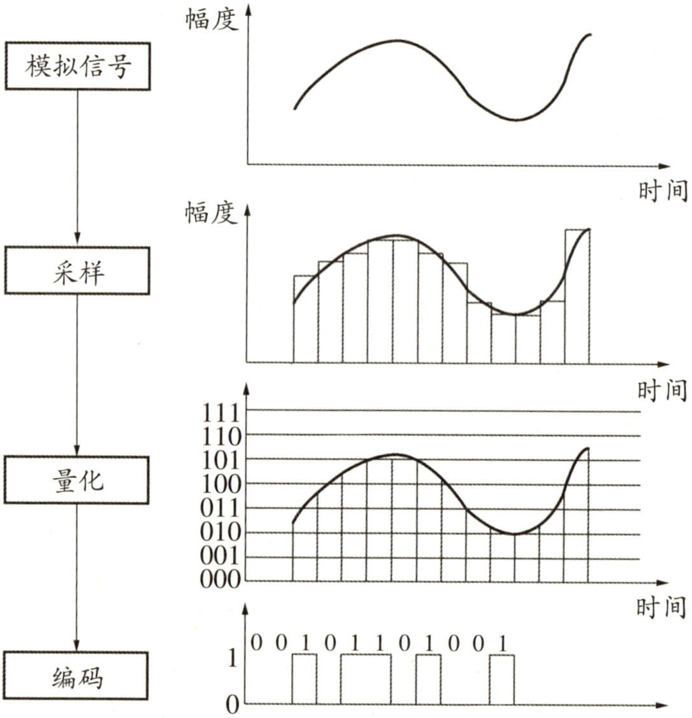

和图像数字化相同的是，测量间隔的时间越短，声音越逼真，但所产生的数据就越多，声音文件也就越大。

小探究

正是因为数字信息在存储、加工、传输等方面具有模拟信息难以达到的效果，才有越来越多的信息通过数字化的形式来表现，越来越多的数码产品也应运而生。

计算机之父

你在看什么那么认真呀?
我来考考你,你知道冯·诺伊曼这个人吗?
为什么我学数学时没听说过他的名字呢?应该不厉害呀!
他是最伟大的数学家之一。
可以说没有冯·诺伊曼,你玩的电脑就不会那么神奇。
这么说他确实很厉害!

我知道,我知道!他是“计算机之父”!
对对对,他为电子计算机的发展作出了很大贡献。
他对埃尼亚克提出了优化方案,研制成功新型计算机EDVAC。

认识冯·诺伊曼

冯·诺伊曼是20世纪最重要的数学家之一，同时他在现代计算机、博弈论和核武器等诸多领域内都有杰出建树，是最伟大的科学全才之一，被称为“计算机之父”和“博弈论之父”。

冯·诺伊曼原籍匈牙利，是布达佩斯大学数学博士，先后执教于柏林大学和汉堡大学。1930年，他前往美国，后加入美国籍，历任普林斯顿大学、普林斯顿高等研究院教授，美国原子能委员会会员，美国国家科学院院士。他早期以数学、物理等方面的研究闻名。第二次世界大战期间，他为第一颗原子弹的研制作出了巨大贡献。1944年，他与德国—美国经济学家摩根斯特恩合著《博弈论与经济行为》，晚年则有著作《计算机与人脑》。

你知道吗

计算机之父

1945年，冯·诺伊曼与埃尼亚克的研制组莫尔小组成员共同提出了全新的“存储程序通用电子计算机方案”，对后来计算机的设计有着决定性的影响。方案确定了计算机的结构，并决定采用存储程序以及二进制编码等。尽管后来计算机制造技术发生了巨大的变化，但是就体系结构而言，现在的计算机仍然是按照冯·诺伊曼的设计思想制造的。冯·诺伊曼还和莫尔小组一起，写出了《关于EDVAC的报告草案》，提出建造电子离散变量自动计算机EDVAC的设想，这份长达101页的报告轰动了数学界。专搞理论研究的普林斯顿高等研究院也批准让冯·诺伊曼建造计算机，其依据就是这份报告。

鉴于冯·诺伊曼在发明电子计算机中所起到的关键性作用，他被人们誉为“计算机之父”。

冯·诺伊曼（右一）在普林斯顿高等研究院

冯·诺伊曼原理

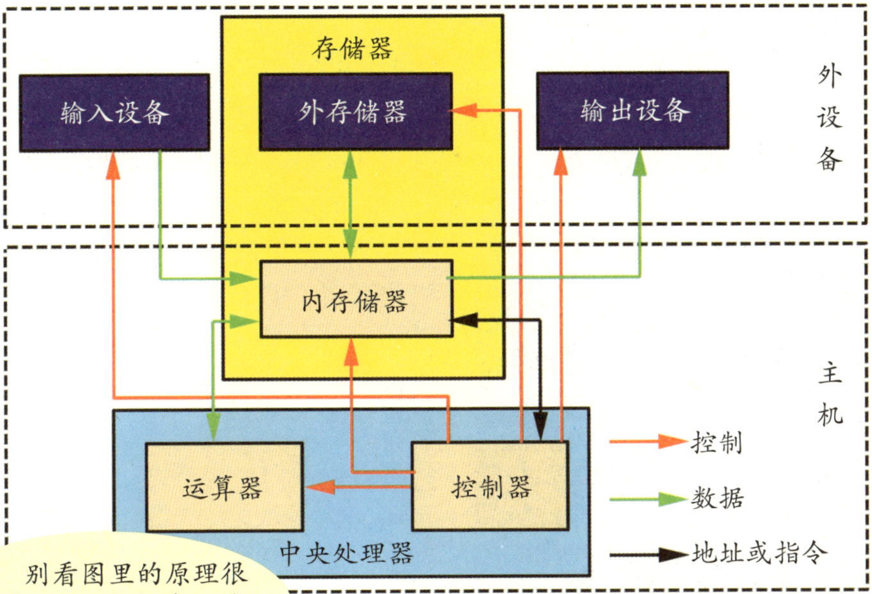

存储程序原理又称“冯·诺伊曼原理”，它是将程序像数据一样存储到计算机内部存储器中的一种设计原理。程序存入存储器后，计算机便可自动地从执行一条指令转到执行另一条指令。现代电子计算机均按此原理设计。

首先把程序和数据通过输入设备送入内存储器。一般的内存储器都划分为很多存储单元，每个存储单元都有地址编号。计算机按一定的顺序把程序和数据存起来，并且把内存储器分为若干个区域，比如有专门存放程序的程序区和专门存放数据的数据区。

其次是执行程序。必须从第一条指令开始，然后一条一条地依次执行。一般情况下，按存放地址编号的顺序，依次执行，当遇到条件转移指令时，才改变执行的顺序。每执行一条指令，都要经过三个步骤：第一步，把指令从内存储器送往译码器；第二步，译码器把指令分解成操作码和操作数，产生相应的各种控制信号送往各电器部件；第三步，执行相应的操作。这一过程由电子线路来控制，从而实现自动连续的工作。

全才科学家

冯·诺伊曼是20世纪最重要的数学家之一，在纯粹数学和应用数学领域都有杰出的贡献。他在测度论、格论和群论方面有开创性的贡献。1936—1943年，他和默里合作，创造了算子环理论，即所谓的冯·诺伊曼代数。

回顾20世纪科学技术的辉煌发展时，1946年发明电子计算机埃尼亚克是划时代的一件大事，它大大促进了科学技术的进步，也大大促进了社会生活的进步。而冯·诺伊曼在发明这台电子计算机中起到了关键性的作用。

在经济学领域，冯·诺伊曼有突破性成就，被誉为“博弈论之父”。在物理学领域，他撰写的《量子力学的数学基础》已经被证明对原子物理学的发展有极其重要的价值。在化学领域，他也有相当高的造诣。

冯·诺伊曼无愧是20世纪最伟大的全才之一。

小故事 · 冯·诺伊曼学术趣事

一次，在一个数学聚会上，有人向冯·诺伊曼求教一个问题：两名自行车选手一南一北相距20英里，同时以每小时10英里的速度匀速相向而行。与此同时，有一只苍蝇以每小时15英里的速度匀速从南行的自行车前轮出发，飞往北行的自行车前轮，然后再返回南行的自行车前轮，依此情形不断往返，直到苍蝇被辗死在两辆自行车的前轮之间。问：苍蝇飞行的总距离是多少？

传统的解题方法是先求出苍蝇飞的第一段距离，然后求出它飞的第二段距离，再求出它飞的第三段距离……最后计算出由此求得的无穷级数的总和。快捷的解题方法是，从路程与速度可以得知，两辆自行车出发后一个小时即相遇，因此苍蝇恰好只有一小时的飞行时间。于是，答案一定是15英里。

冯·诺伊曼看了看题目就报出了正确答案。提问者十分失望："呀，你之前一定听说过其中的奥妙！"冯·诺伊曼反问道："你说的是什么奥妙？我仅仅是求出了无穷级数呀！"可见他的心算能力堪称一绝！

冯·诺伊曼（右一）与埃尼亚克众研究人员

冯·诺伊曼与埃尼亚克

在埃尼亚克计算机研制时期，有几个青年数学家聚在一起切磋一道数学难题，但百思不得其解。有一个人决定带着台式计算器回家继续演算。次日清晨，他眼圈黑黑，面带倦容走进办公室，颇为得意地对大家炫耀说："我从昨天晚上一直算到凌晨4点半，总算找到那道难题的5种特殊解答了。它们一个比一个更难咧！"说话间，冯·诺伊曼推门进来，问："什么题更难？"有人把题目讲给他听，他顿时把自己该办的事抛在脑后，兴致勃勃地提议道："让我们一起来算算这5种特殊的解答吧。"冯·诺伊曼眼望天花板，不言不语，约莫过了5分钟，就说出了前4种解答，又在沉思着第5种……那位青年数学家再也忍不住了，情不自禁脱口讲出了答案。冯·诺伊曼吃了一惊，但没有接话茬。又过了1分钟，他才说道："你算得对！"

那位青年数学家怀着崇敬的心情离去，他自嘲地说："还造什么计算机哟，冯·诺伊曼教授的头脑不就是一台'超高速计算机'吗？"然而，冯·诺伊曼却呆在原地，陷入苦苦的思索，许久都不能自拔。有人轻声向他询问缘由，他不安地回答说："我在想，他究竟用的是什么方法，这么快就算出了答案。"听到此言，大家不禁哈哈大笑："他用台式计算器算了整整一个夜晚！"冯·诺伊曼一愣，随后也跟着开怀大笑起来。

天才的逝去

1955年夏天，冯·诺伊曼被检查出患有癌症，而且已经通过血液转移到骨头。他对一些朋友和家人隐瞒了病情，因为他要争取清理他正在进行的那些主要工作。后来他不得不坐在轮椅上继续思考、演说及参加会议。1956年，他住进了里德陆军医院。

1957年2月8日，冯·诺伊曼在里德医院病逝，享年53岁。在他弥留之际，美国国防部正副部长及其他军政要员齐聚病榻前，聆听他最后的建议和非凡的洞见。这是对智者的最高致敬。冯·诺伊曼未完成的手稿于1958年以《计算机与人脑》为名出版。

在冯·诺伊曼病逝前，艾森豪威尔总统亲自给坐在轮椅上的他颁发了一枚特别自由勋章。冯·诺伊曼对总统说："我希望能更久地在这世上服务，以对得起这份荣誉。"在他未发表的笔记中可以发现，他在生命的最后时刻还在探究一些其他科学家根本没有想过的问题。假如他的生命能够延长，他一定会让我们的生活发生更大的变化！

图书在版编目(CIP)数据

课本上学不到的信息技术. 小学. 1/陈久华主编;童荣俭等编著. —上海:上海科技教育出版社,2016.1
(信息技术拓展阅读丛书/李锋,王吉庆主编)
ISBN 978-7-5428-6325-6

Ⅰ. ①课… Ⅱ. ①陈…②童… Ⅲ. ①计算机课—小学—教学参考资料 Ⅳ. ①G624.583

中国版本图书馆CIP数据核字(2015)第254596号

责任编辑 卢 源 赵亚楠
装帧设计 杨 静

信息技术拓展阅读丛书
课本上学不到的信息技术
小学(Ⅰ)
丛书主编 李 锋 王吉庆
本册主编 陈久华
本册作者 童荣俭 张 瑜 叶苗瑛 汪霞华

出 版 上海世纪出版股份有限公司
上 海 科 技 教 育 出 版 社
(上海市冠生园路393号 邮政编码200235)
发 行 上海世纪出版股份有限公司发行中心
网 址 www.sste.com www.ewen.co
经 销 各地新华书店
印 刷 常熟市华顺印刷有限公司
开 本 720×1000 1/16
印 张 4
版 次 2016年1月第1版
印 次 2016年1月第1次印刷
书 号 ISBN 978-7-5428-6325-6/G·3609
定 价 18.00元